Loula

et la recette fantasformidable

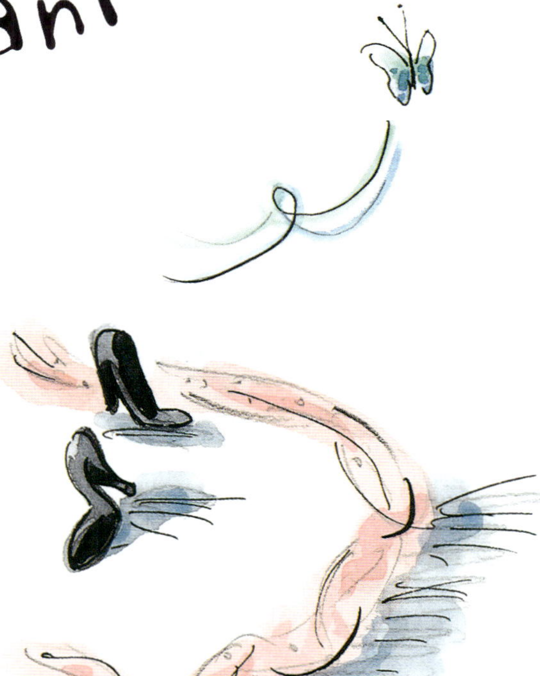

Pour Marie-Andrée et notre recette fantasformidable.

Dépôt légal – Bibliothèque et Archives nationales du Québec, 2014
Bibliothèque et Archives Canada, 2014

Loula et la recette fantasformidable
ISBN 978-2-89579-612-1

Titre original : *Loula and the Sister Recipe* d'Anne Villeneuve (ISBN 978-1-77138-113-0).

Texte et illustrations : © 2014 Anne Villeneuve
Direction éditoriale : Gilda Routy, Nicholas Aumais
Révision : Sophie Sainte-Marie
Mise en pages : Danielle Dugal

Nous reconnaissons l'aide financière du gouvernement du Canada par l'entremise du Fonds du livre du Canada (FLC) pour des activités de développement de notre entreprise.

Conseil des Arts du Canada Canada Council for the Arts

Bayard Canada Livres inc. remercie le Conseil des Arts du Canada du soutien accordé à son programme d'édition dans le cadre du Programme des subventions globales aux éditeurs.

Cet ouvrage a été publié avec le soutien de la SODEC. Gouvernement du Québec – Programme de crédit d'impôt pour l'édition de livres – Gestion SODEC.

Bayard Canada Livres
4475, rue Frontenac, Montréal (Québec) Canada H2H 2S2
Téléphone : 514 844-2111 ou 1 866 844-2111
edition@bayardcanada.com
bayardlivres.ca

Imprimé en Chine

Loula

et la recette fantasformidable

Texte et illustrations de

Anne Villeneuve

Bayard

CANADA

Aujourd'hui, c'est la tempête. Un navire va bientôt couler.

— Je peux jouer? demande une charmante princesse.

— Jamais de la vie! crient trois pirates horribles, sales et méchants.

— Les frères! rage Loula.
C'est la pire invention au monde!

— Si au moins j'avais une sœur fantasformidable…

Loula court retrouver ses parents.

— Papa, maman, pouvez-vous me faire une petite sœur ?

— Une sœur?
répète sa maman.
Maintenant?

— Oui. Ou demain au plus tard. Je veux une sœur fantasformidable.

— Hum... Ce n'est pas si simple, déclare son père en tortillant sa moustache. Faire une sœur, c'est comme... euh... comme faire un gâteau. Ça prend les bons ingrédients.

— Un gâteau? Des ingrédients? dit Loula.

— Oui, mon petit chou farci,
poursuit son père. Un papa, une maman,
des papillons dans le ventre... et... et...

— Et la pleine lune! continue
sa mère. Un souper aux
chandelles, des bisous, des câlins...

— C'est tout? demande Loula.

— Et du chocolat, ajoute son père en riant.

— Un gâteau, des ingrédients, une sœur...
Un gâteau, des ingrédients, une sœur...
répète Loula. Mais oui, s'exclame-t-elle
tout à coup.

Loula court retrouver le chauffeur de la famille.

— Gilbert, j'ai la recette pour faire une petite soeur! Peux-tu m'aider?

— Mademoiselle Loula! Quelle drôle d'idée! Pourquoi voulez-vous faire une recette de sœur?

— C'est simple, répond Loula, je veux une sœur. Et faire une sœur, c'est comme faire un gâteau: ça prend les bons ingrédients.

— Vraiment?
demande Gilbert.

— Oui, répond-elle.

— C'est logique, dit le chauffeur. Alors par quoi doit-on commencer?

— Par un peu de magasinage! annonce Loula.

— Mademoiselle, je dois vous l'avouer: les gâteaux sont ma spécialité! dit Gilbert en conduisant la vieille limousine. Avons-nous une liste d'épicerie?

— Non, répond Loula, mais il nous faut d'abord du chocolat.

— Merveilleux! dit Gilbert. Je connais la meilleure chocolaterie en ville.

— Quel choix! remarque Gilbert.
Lesquels voulez-vous pour votre recette?

— Un de chaque sorte, répond Loula.

— Ça ne fait pas un peu trop de chocolats?

— Gilbert, il n'y a jamais trop de chocolats! Et je peux les acheter, ma tirelire est presque pleine.

— De quoi avons-nous besoin ensuite? demande Gilbert.
D'œufs? De farine?

— De papillons! répond Loula.

— Mademoiselle Loula, si je peux me permettre,
c'est la recette la plus étrange dont j'ai entendu parler.

— Ouf! s'exclame Gilbert. Cette chasse aux papillons m'a donné faim. Et si on prenait un petit chocolat?

— Les chocolats, c'est pour ma recette, Gilbert...

— Bien sûr. Où avais-je la tête?

De retour à la maison,
Loula ajoute:

— Maintenant, il nous faut
un souper aux chandelles.

— Qu'avons-nous au menu? demande
Gilbert en mettant la table dans le jardin.

— Mon plat préféré: des tartines au
fromage! dit Loula.

— Ah oui! s’écrie-t-elle. Nous avons aussi besoin de bisous et de câlins.

— Ah bon? À qui donnerez-vous des bisous? demande Gilbert. À un de vos frères?

— Jamais de la vie! Je n’embrasse que mon chat, affirme Loula.

— Avons-nous tous les ingrédients? demande Gilbert.

— Presque! Il ne nous manque que la pleine lune.

— Mademoiselle, quelle coïncidence! La lune sera pleine ce soir.

Au moment où la lune monte dans le ciel, Loula relâche les papillons.

— Ma petite sœur doit être prête, maintenant, dit Loula.

— Tant mieux! répond Gilbert. Je ne pourrai pas résister à ces chocolats encore très longtemps.

Ils attendent une éternité. Loula soupire.

— Gilbert, on dirait que ma recette ne fonctionne pas. Je n'aurai jamais de sœur fantasformidable.

— Hum... réfléchit Gilbert. Peut-être avons-nous oublié des ingrédients?

— Mais oui! s'écrie Loula. Et les plus importants: un papa et une maman! Je cours les chercher.

— Parfait! Et moi, je monte la garde autour de ces délicieux chocolats, dit Gilbert.

Pendant ce temps, un pauvre chien affamé
et abandonné rôde aux alentours.

Quand Loula revient, le chien
a dévoré toutes les tartines.

— Mademoiselle, est-ce que cet énorme chien fait partie
des ingrédients? demande Gilbert.

— Euh… non… répond-elle en regardant le chien lécher l'assiette.

— Gilbert, la recette est réussie ! s'exclame alors Loula. C'est elle ! C'est ma sœur, elle adore les tartines au fromage, comme moi. N'est-elle pas formimagnifique ?

— Oui, mais je crois que votre sœur est plutôt un... un monsieur, dit Gilbert.

— Ah bon? demande Loula.

— Oui.

— Oh...

— Pas de problème. Viens, Monsieur, allons visiter ta nouvelle maison.

«S'occuper d'une nouvelle petite sœur,
ce n'est pas du gâteau», songe Loula.

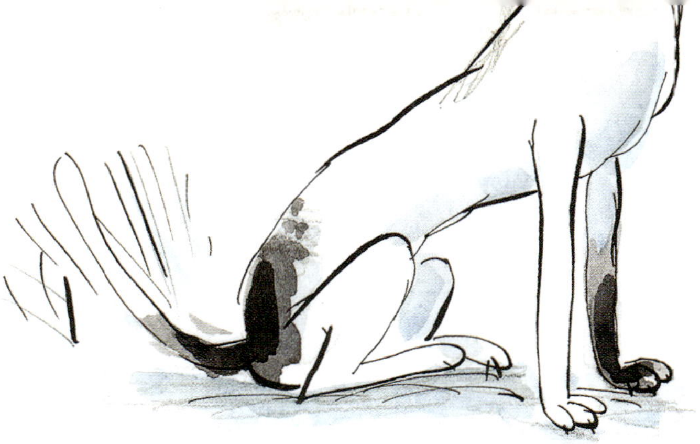

Tous les jours, matin et soir, Loula doit nourrir, promener, brosser Monsieur...

... et même ramasser quelques cadeaux...

Mais Monsieur est une sœur vraiment fantasformidable!